GOLLENSTEIN

BERGMANNSGEDICHTE

Herausgegeben und mit einem Nachwort

von Irmgard und Benno Rech und mit

einer Einführung von Reinhard Klimmt

Johannes Kühn

ZU ENDE IST DIE SCHICHT

BERGMANNSGEDICHTE

g

Johannes Kühn und die Welt der Bergleute

Das Saarland ist ein Geschenk der Kohle. Die Grenzlande an Saar und Blies waren zu Beginn des 19. Jahrhunderts nur dünn besiedelt. Bittere Armut quälte weite Teile der Bevölkerung. So war das Auswandern, um anderswo das Glück zu suchen, gängige Praxis. Mit dem allmählichen Aufstieg des Kohlenbergbaus, mit seinem dann folgenden rasanten Wachstum durch Eisenbahn und eisenschaffende Industrie wuchs ein Industrierevier heran, dessen ökonomische Stärke es zum Zankapfel der beiden Dauerrivalen Frankreich und Deutschland werden ließ. Der ökonomische Segen wurde zum politischen Fluch, das Land zur Dauerkonfliktzone.

Der saarländische Bergbau hat drei Besonderheiten: Er wurde seit dem Ende des 18. Jahrhunderts bis in die nahe Vergangenheit staatlich organisiert und betrieben, er rekrutierte seine Beschäftigten aus der näheren und weiterer Umgebung und er stand in einem fast symbiotischen Verhältnis mit dem katholischen Glauben.

Prämienhäuser, Wohnkolonien und die entfernter liegenden Dörfer der Bergmannsbauern gaben dem Revier ein eigenes Gesicht. In diesem Umfeld entwickelten sich Traditionen und Verhaltensweisen, die im Charakter des Landes und seiner Menschen heute noch weiterwirken.

Die harte Arbeit unter Tage verlangte Tugenden wie Verlässlichkeit, Kollegialität und Hilfsbereitschaft. Sie band die Menschen aneinander, die in ihren Dörfern, eng verbunden mit den kirchlichen Organisationen, ebenfalls gute Nachbarschaft und Zusammenleben praktizierten. Nirgendwo in Deutschland gibt es so viele Vereine aller Art wie an der Saar. Die politische Unsicherheit verwies auf die engere Nähe, ja: der Begriff Heimat ist an dieser Stelle nicht fehl am Platz. Die saarländische Fähigkeit zum Feiern hat hier ihre Wurzeln. Hier wurden die Verbindungen der Menschen untereinander jenseits des Alltags real.

Mit den Jahren wurden die harten Arbeitsbedingungen durch neue technische und soziale Errungenschaften gemildert. Die Einkommen in der Montanindustrie lagen in der Regel über denen der Beschäftigten in anderen Industriezweigen. Jetzt, wo der Bergbau nicht mehr umgeht, wo die letzte Tonne Kohle gefördert ist, hat die Technik einen Stand erreicht, der der Arbeit unter Tage ihren lebensbedrohenden und zerstörerischen Charakter genommen hat. Der Bergmannsberuf hat sich zu einem der sichersten entwickelt, dank der ständigen Neuerungen bei den Betriebsabläufen. Kein Wunder, dass die Bergleute ihre Tätigkeit vermissen und für den Erhalt ihrer Arbeitsplätze gekämpft haben.

Das war lange Zeit anders. Unter Tage lauerten lebensbedrohende Gefahren. Die Zahl der unter Tage tödlich Verunglückten ist groß, viel zu groß, ebenso die Zahl der verletzten oder von den Folgen einer Staublunge gequälten Bergleute. Diese gefährliche Tätigkeit gab den Menschen aber eine Lebensgrundlage, von der sich in den umliegenden Regionen große Massen angezogen fühlten und in das Revier zogen. „Eckstein" Warken aus Hasborn kämpfte bei den Streiks der Jahre 1889, 1891 und 1893 für bessere Arbeits- und Lebensbedingungen seiner Kollegen. Noch heute ist er ein Mythos und inspiriert das Engagement vieler Menschen.

Johannes Kühn, Sohn eines Bergmanns, stammt aus eben diesem Hasborn, einem der Dörfer im Hunsrückvorland, in dem Bergmannsbauern zuhause waren. In diesen Familien arbeiteten die Männer in Gruben und Hüttenwerken, während die Frauen die Landwirtschaft betreuten. Auf Grund der Realteilung waren es nur kleine Flächen, die aber Grundlage des Lebens für die Einwohner des Dorfes bildeten.

Johannes Kühn ist mit acht Geschwistern in dieser Gesellschaft aufgewachsen, lebte und lebt in ihr. Mit seinem sensiblen Blick hat er die Lebensbedingungen und Lebenswirklichkeiten dieser Menschen erfasst. Ihm, der zwar selber im Tiefbau gearbeitet hatte, war diese Welt nicht vertraut. Er wusste aber von ihr, aus den Erzählungen, aus der Körpersprache und er konnte in den Gesichtern der Bergleute lesen. Ihn verbindet mehr mit der Natur als mit der industriellen Tätigkeit. Insofern ist manch düsterer Grundton verständlich. Wer die Geschichte des Landes, das weiterwirkende Erbe der Bergleute erfahren und erfühlen will, findet einen wichtigen Teil, einen bedeutenden Zug in Johannes Kühns Gedichten.

Reinhard Klimmt

I

Ich kenne die Nacht,
die Gestein ist

Bergmann I

Gestein wie ein Gewissen schwer
und schwarz. Vergangene Ahnungen
der oberen Erde.

Schweiß wäscht den Kohlenstaub ab von den Armen.
Die Augen werden zu größeren Rädern
und kreisen
und stieren am Arbeitsplatz.

Im Lärm verpackt
sind alle.
Auf die Zungen
als bittere Speise
legt sich der Staub, daß sie spein.

Kein Preislied fällt mir ein,
auch denk ich die Hände
abwehrend
voll Müdigkeit,
wenn ich es wagte.

Das Mitleid verachten sie auch.
Mann, der mit Steinen arbeitet,
selbst ein Stein geworden
in manchem.

Alter Bergmann

Bist du in der Nacht gegangen –
ich kenn
die Nacht, die Gestein ist.
Ich schlug mir die Hände zu Brettern.
Es sind verraucht
die Kohlen, die ich gebrochen,
es sind die Rauchschwaden
vergangen in Luft,
es ist in Öfen
der weißen Winter
die Wärme
gestorben.

Mir sind die Hände zu Brettern geworden.

Gestorben sind nicht die Menschen
in Kälte
der weißen Winter.
In Fabriken, wo durch Schornsteine rauchte,
was ich gebrochen,
ist Eisen geworden,
das dient an Wagen,
als Träger in Häusern.

Wohnt! Lebt! Wie gut,
mir sind die Hände zu Brettern geworden
nicht umsonst.

Schippe

Du bist durch deinen Stiel die verlängerte Hand
am verlängerten Arm.
Dein Blech hat die Fabrik der Stadt
so gebogen, daß es leicht Sand und Steine
aufheben kann,
auch die Kohle kann ich mit dir schippen,
vor ihrer Schwärze und ihrem Geruch, ohne Gram,
meine zwei Hände an deinem Stiel
sind mächtig mit dir
in vielerlei Arbeit.
Flüche kenne ich trotzdem über dich.
Blasen läßt du mich immer wieder erleben.
Ich bin mit dir befreundet,
ich bin mit dir verfeindet.
Ich kenn das noch im Schlaf.
Schippe auf,
Schippe ab!

Meißel

Man hat dich aus Erz gehämmert auf dem Amboß
aus einem glutroten Stück
geschärft, gehärtet,
daß du zu gebrauchen bist
an hartem Stein in den Stollen.
Ich bin mit dir
bei viel, viel Arbeit mächtig.
Ich meißle erfolgreich,
mags auch in den Armen zittern,
bewundre mich selbst.
Du bist ein gutes Werkzeug,
ich hüte dich
und trage dich in meiner Kiste mit mir,
auch den Hammer gleicherweise,
vorsorglich achte ich auf euch.

Schrämmaschine

Leichter als durch unsere Muskelstöße
ist es mit deinem geschärften Stahl
die Kohle auszuschneiden, daß der Stollen
vorangetrieben wird,
und da trennen wir Schlacke
von Kohle, und der schwarze Strom
geht über das Fließbandnetz
zum Hauptstollen,
an den Schacht.
O welche Erleichterungen
gegen die Fron aus älteren Zeiten!
Pickel und Schippe,
Preßlufthammer und Pferdefuhre,
ach, wie anklagenswert
gegen die Schrämmaschine!
Ich bin Bergmann
und habe nach dem gefragt,
was ich tat.
Ich lobe schon noch
Bier und Schnaps,
Kuchen und Wurst,
aber diese Verbesserungen,
du lobenswerte und gute Schrämmaschine,
will ich verkünden wie den Sonntag
nach einer Arbeitswoche.
Nicht gezaudert, nicht gezittert,
als ein Mann stell ich mich hin und verkünde:
Die Schrämmaschine ist ein Gerät wie ein Wunder,
wie ein Glück!
Ich erwähn es jedem Bergmann:
Der Erfinder gehört in ein ruhiges Grab,
worauf ein Denkmal thront.

Dampfwalze

Dort an der Kurve, Teer, rußschwarz
auf der Straße, dort, geh hin,
dort walzt die Dampfwalz glatte Flächen
und hat Kohle in dem Feuerleib,
pafft Rauch empor ins Sommerblau,
der Rauch, der sammelt sich,
als wolle er Gewitter werden,
um Arbeiter im Straßenbau zu kühlen.
Schweig, du Narr!
Der Koloß mit hohen Rädern,
dem Eisenleib und mit schwerer Walze,
den bewegt auch Kohlekraft,
und auch der Teer
wird im Werk aus schwarzem Bergmannsgold gewonnen.
Ich bin stolz darauf.
Tanzsälen gleichen unsre Straßen.
Ich bin stolz darauf.
Glasflächen gleichen unsre Straßen.
Ich bin stolz darauf.

Lokomotive

Vielrädrig und mit vielen Hebelgängen
vor dem langen Zug
Dampflokomotive fährt durchs Land
mit Kohlekräften,
fährt Fracht in Güterwaggons,
fährt Menschen in Abteilen
so mühelos, so bequem
und faucht und dampft.
Oberflächlicher Betrachter, du siehsts,
halt wie mans sieht.
Doch Kennergeist, der staunt.
Ich staune von solchen Kohlekräften
wie bei Wunderbarem überzeugt
und falte meine Hände,
wer sieht dem nächtig farbenen Gestein
schon solche Macht an,
wenn es über Fördertürme zu den Menschen kommt?
Ich fördre jeden Tag meinen Teil,
den Stoff, der diese Züge,
diese Lokomotiven
so rüstig macht.
Übermenschliches und menschliches Gefährt,
ich dien dir, und glaub, Freund, daß es mir
Herz und Verstand bewegt.

Hütten

Meine und meiner Kameraden Kohlegräberei
diente der Erzgewinnung.
Nachts sahst du rot den Fieberschein aus Flammen
zum Himmel gluten,
Erzgießerei der Hütten
konntest du genießen
am nächtlichen Arbeitshimmel:
Schienenstränge, Lokomotiven und Waggons,
Brückenträger, Hausgerüste
und Maschinen
konnten sie gestalten durch den großen Kohlebrand.
Wir Bergleute hatten das Gestein zu heben.
Und der Geruch des Erzes,
das gegossen wurde,
erreichte meine Sinne,
oder täuschte ich mich nur.
Weit, weit ging der Feuerschein,
als seien Abendröten,
als seien Morgenröten
von riesenhaften Händen
gebündelt worden.

Maybach

Alle, die in der Maybach starben,
alle Bergleute, sind betrauert worden,
Mitleid sollte die Betroffenen trösten,
doch, wer hatte es im Mund, wie ein Engel vielleicht?
Himmelschreiender Schmerz
bei so vielen Toten.
Die Grube barst zusammen
über den Männern,
doch die Kräfte,
doch ihre Grubenkünste halfen ihnen nichts,
ach, in welch kurzer Zeit,
und lang, lang das Elend
der Hinterbliebenen
nach Bergung und Grab.

Schicksal bleib uns erspart,
erlös uns, wer kann,
von solchem Erlebnis.

Luisenthal

Leid,
das in späteren Geschlechterreihen
noch berichtet wird,
es war so plötzlich,
es war so tückisch
hereingebrochen mit dem Tod der Bergleute,
daß es mancher Mutter,
mancher Gattin oder Schwester,
so auch Vater und Bruder und Sohn
die Glieder wie Schlangengift lähmte
und in den Herzen schwang Blei die Todesglocke.

Nikolaus Warken, genannt Eckstein

Zu seinem Denkmal am Rathaus in Hasborn

Mit Vaternamen hieß er Warken,
sagen die Verwandten stolz,
die heute noch im Lande leben;
ihn Nikolaus zu nennen,
war der Eltern Willen
bei seiner Taufe.

Eckstein,
ihren Eckstein riefen ihn die Bergleut,
seine Kampfgefährten,
aufrührerische,
in den Gruben,
Ehr und Anerkennung
zu verleihen ihrem vorgesandten Kämpfer
zu seiner Lebzeit
und spätrem Angedenken.
Man erfährt es staunend und behält es.

Sein Denkmalbild am Rathaus
an grauer Wackenwand
zeigt einen Mann mit Bart
und klugem Kopf. Er blickt dich offen an,
nichts will er verbergen,
an keinem Tag,
mag Sonnenschein ihn färben
und Regenfall ihn schlagen,
er bleibt sich treu, du darfst bekennen,
was er getan. Die Schule lehrt es wie der Volksmund
und die Arbeiterchronik:

Sie sagt, es kamen bessre Zeiten
durch seine Streiktat
mit den gequälten und geschundnen Männern.
Das Denkmal ehrt ihn.
Sein Bildnis ist in Erz gegossen
in ungeheurer Härte,
dem gleicht sein Ernst,
sein Willen,
den Armutstag
des Bergmanns zu beenden.

Freund der Bergleute

Für Dr. Guido Klinkner

Der Saarknappenchor
wird an seinem Grabe singen,
und das Beileid vieler
an die Angehörigen
wird herzlich sein,
wird warm sein,
denn:

Freundlich war er zu den Männern
der schwarzen Grubenstollen
und feindlich gestimmt
war er gegen deren Tag- und Nachtgefahren,
und er erfand für seine Anbefohlenen
Bewahrendes
und Schützendes zur schweren Arbeit.

Er hörte die Klagen der Männer,
hörte sie sich an,
um sie zu mindern.
Gegen Spott
war er taub,
gleich, von wem er sich erhob gegen ihn
und die Schutzbefohlenen,
ach, so oft erhob er sich.

Gedeihlich war sein Obhutsleben,
gedeihlich seine Freundschaft,
gedeihlich seine Führerschaft,
seinen Namen nennt man heut
und in späteren Zeiten
mit Dank,
mit erhebendem Lob.

II

Maulwurf,
du hast es besser

Maulwurf, du hast es besser

Maulwurf,
du hast es besser! Es stürzt
dein Lehmbau
dir nicht die Stirne breit
zu einem roten Blatt Papier
wie eine Kohlewand
den Hauer Martin traf.
Es war schon bei der zehnten Schicht.
Dem hat die Hl. Barbara nicht geholfen,
sagten alle.

Maulwurf,
du hast es besser,
denn du brauchst nicht jeden Tag zu wirken
im Steingehäng der Kohleschächte.
Wo du liegst im Lehm,
da liegst du. Du hast die Art der schönen Vögel,
die nisten träumerisch im Blütenfrühling,
der mit Wärme
die Erde wohlig wiegt.

Maulwurf,
du hast es besser,
denn du brauchst nicht
unter Aufsicht von Steigeraugen
deine Schicht zu leisten.

Gesagt seis leise!
Wir haben unter Tag auch Lampen,
so sehn wir unser Elend besser.

Maschinenlärm,
ein laut Gebell von Höllenhunden!
Ob es nicht wirklich welche sind,
da wir so tief da unten schuften.

Maulwurf,
du hast es besser.
Wir leben bis zu sechzig Jahren,
du nur kurz!

Und manchem geht es wie dem Hauer Martin,
der unter einen Steinschlag kam,
und dessen Stirn
platt war wie ein Blatt Papier
und rot.

Bergmann II

Im Leib
des Bergs zertrümmre ich,
wie Made gräbt
im Fleisch des Apfels.

Ihr, die ihr auf Sesseln die Hände
taglang
liegen habt, als welke Blätter,
wie über Made
Verachtung fällt,
so über mich von vielen.

Ich bin
kein Gärtner, dem mit Blumen
im Wind das Gesicht
ein Feuer wird. Weiß und gelb
prägt die Schicht, daß es sei
wie des Todes,
dem ich oft nah bin.

Bekenntnis

Es tut mir nicht leid, daß ich ein Bergmann bin.
Ich habe Löhnung und Arbeit
und leb und dulde
wie andere auch,
nur etwas härter,
nur etwas schlimmer.

Ich fahr nicht gern den Förderturm hinab,
jedoch hinauf. Meine Kräfte
sind nach acht Stunden
aus mir gewichen,
daß ich fast taumle.

Wir sorgen, schuften, daß es Kohle gibt.
Die Öfen in den Häusern glühen noch.
Aus Fabriken,
aus Kaminen dampft und geht es aufwärts,
Kohledampf, auch wenn man klagt und sich beschwert.

Man lebt damit.

Wenn diese Zeit vergangen ist,
und man mich fragt, sag ich ihm:

Todgefahr für mich war jeder Tag im Bergwerk.

Kohlen

Ein Bergmann war verrückt geworden.
Ein dunkler Wahnsinn trieb ihn an zum Graben,
er grub nach Kohlen, jenen schwarzen Edelgaben,
die schenken, schenken und am Ende morden.

Er grub mit einem Pickel, gierig wie nach Torten.
Er grub bei Frühlingslerchen und bei Winterraben,
er grub an Tagen, die den stärksten Regen haben,
er grub an allen Ecken hin und Orten.

Und weil er keine fand, so ging er los,
auf Menschen los, als müsse er dort suchen,
als würden Kohlen in den Leibern groß.

Doch einmal hörte man ihn kräftig fluchen,
er suchte in sich selbst, stieß sich die Rippen bloß
und lag verendend unter Waldesbuchen.

Bergwerk

Da schau hin:
Rußgeschwärzt die großen Häuserfronten und Gebäude,
doch sonst in Ordnung, glaubs beherzt!
Der Förderturm in Ordnung,
Maschinenhalle auch,
die Kleiderkammern,
die Baderäume auch,
die backsteinroten Bürohäuser,
die lärmende Kantine,
nichts auszusetzen,
die Halden
und die Förderungen vieler Kohle an den Schienensträngen
zum Abtransport bestimmt,
in großen, großen Haufen, wahrhaftig kleine Berge,
da sieh hin,
da bist du platt,
mit welchem Aufwand hier geschafft wird –
Sirenenheulen,
Schichtwechsel!
In Gruppen geht die müde Mannschaft
schneller als zur Kirche,
nach ihrer Arbeit ab,
und die neue Mannschaft, da blick hin,
seilt hinab.
Du bist bewegt, ob nicht die Fördertürme umgestoßen
werden.
Hier herrscht große Eile.
Und es geht doch nur zur Arbeit,
zu harter Fron,
zu Schuftereien, ja, acht Stunden lang.
Wärst du dabei,
daß dus begreifen könntest!

Förderturm

Bet, Junge, daß die Seile des Förderturms,
der sich emporreckt und die Mannschaft abläßt
in die Bergwerkstiefe,
nie reißen bei der Fahrt hinab,
bei ihrer Fahrt hinauf,
bei jeder Schicht,
bet, Junge, daß dein Vater
das nie erlebt, das Schreckliche,
den Absturz.
Da rollt das große Radungetüm,
bringt Männer auf die Sohle,
da rollt das große Ungetüm,
bringt andere herauf.
Und Kohleförderungen
schafft es ohne zu zerbersten
in Arbeitswut
den ganzen Tag,
die ganze Nacht.
Kommst du von da,
kommst du von dort,
siehst du die Räder in Bewegung,
du siehst sie flirrn in ungeheurer Schnelligkeit.
Das ist ein Schachtturmmeister,
der sie bedient.

Den Förderturm hinab

Ich schluck noch einen letzten Zipfel Sonnenlicht,
eh ich im Korb hinabsaus in die Tiefe,
fünfhundert Meter.
Und es geht zum Streb.
Mit meinen Hauersinnen
hab ich mich an die Kohlenacht gewöhnt
und hab gegessen
zu meiner Schaff vier Hering,
hab Halbschichtbrot mit dicken Grauwurstscheiben,
hab Kaffee und auch Tee genug im Blech.
Ob in den Muskeln
genügend Kraft gebündelt ist.
Ich hoffs.

Als hörte ich sie aus den Gräbern

Oben auf der Erde
begab sich im Licht so viel.
Fördertürme ließen uns hinab in Grubennacht.
Wer gebot uns
zu schaffen,
zu fördern,
zu schuften? Die Not.
Nur um ein Spiegelei zu backen
braucht man Ofenhitze,
werter Bürger!
Keinen Tag hat der Mensch gelebt
ohne unsre schwarzen Steine, die wir brachen.
Unsre Jugendmuskeln waren gut geschwellt
und verbraucht die Altersglieder
wie dürres Holz,
das klappert.
Zweimal wurden unsre Hände franslig,
im Stollen
und daheim auf freier Flur
mit Pflug und Kuh.
Doppelte Arbeit war unser Schicksal.
Königen, Kaisern und Kanzlern gedient,
für unsere Frauen und Kinder -
für Hütteneisen,
für Wärme in den Winterhäusern
der armen Leute.
Wir waren rüstig mit den Lampen,
Pickhämmern, Schrämmaschinen,
Hacken, Schippen, Bändern,
und gruben.

Wir hatten keine Neider.
Sonntagslabsal priesen wir, heilsame Ruhe.
Stolz waren wir auf jedes Fest, und Bergmannslieder
sangen wir, wie wir auch sonst
einsilbig waren.
Staublungen,
Rheumaknochen
quälten uns.
Starben wir mit den erworbnen Leiden,
schwenkte man die Fahne über unsre Gräber,
segne uns, Sankt Barbara!
Hier liegen wir
und warten auf kein heldisches Gedenken,
auch wenn es angemessen wär.

Unfall

Ein Stein, vom Hangenden fallend,
traf mein Knie.
Welch ein Schmerz,
und wie schwer heilbar!
So komm ich von Arzt zu Arzt,
von Krankenhaus zu Krankenhaus.
Ihre Heilkunst vermag nichts,
so bin ich und bleib ich ein humpelnder Krüppel.
Bedauern trink ich im Dorf
wie trübe Suppen,
mageres Geld
erhalt ich,
und ich schleppe mein Unglück
mit saurer Miene.

Ich bin erst dreißig.

Staublunge

Blau wirst du, blau unter deinen Augen schwelt es,
blau wirst du mit den Lippen,
wenn dich ein Anfall schüttelt,
und es scheint,
als sei die Lunge
wie in einem Fieber
und nicht zu bändigen mit Husten,
nicht durch ein Stoßgebet
und nicht durch einen Fluch.

Neun Jahre quäl ich mich schon so,
irgendwann in einer Woche
fällts mich an.
Wenn einer mich verspotten würde,
platzte ich vor Wut,
bräch in mir alle menschliche Geduld,
und ich hätte Lust, ihm an den Hals zu greifen.

Ja, ich erkläre manchem Mann,
der fragt, was ich denn hätte:
Staublunge –
nach fünfunddreißig Arbeitsjahren
im Stoß, aktiv, obwohl wir Wasser hatten
gegen Staub, und gute Schläuche hatten wir,
um uns zu schützen –
Schicksal!

Rentner

Gut eine Hälfte meines Lebens
hab ich schwarzes Kleid getragen,
schwarz vom Kohlenstaub.
Ich war es gewohnt
und hab kaum geklagt.
Staub hab ich auf meiner Lunge,
bin gebrechlich wie dürres Kraut,
bin schwach,
sonst würd ich gelegentlich singen
in meinem Lebensfeierabend
durchs Dorf gehend
von Arbeit frei.
Ich hab als Losung: So war es halt,
in täglicher Schinderei, Hergabe letzter Kräfte
in den Schächten.
Ich röchle heut,
ich huste.

Nachruf

Nun bist du für das ewige Reich gebettet
und ruhst dich ewig aus.
Alle deine Schichten sind gefahren,
und aus den Dörfern rundum
sind deine Kameraden gekommen
in Tracht, dich zu begleiten
unter diese Erde.
Im Grubenloch hast du geschuftet,
im Grabloch ruhst du dich aus
ewiglich ohne Klage.
Ich und andere murmeln nur
fromme Totengebete.
Die Ewigkeit erleb
losgelöst von Qual,
verneinend alle Leiden.
Doch deine Seele
wird sich vermählen
mit einem neuen Leib,
und die Herren im Himmel
sollen dich als Hirten beschäftigen
der wandelt unter zahmen Schafen
und würdigen Blumen
in einem besseren Beruf.

Trauerfall

Der Gestorbene hat mir einen Hut vererbt.
Den trag ich schon einmal,
wall ich dörflich
am Allerseelenfest
ans Grab.
Er ist aus schwarzem Filz,
schützt meinen Kopf,
mit dem ich Gebete sinne,
neue nur für den Toten,
der mein Vater war.
Und ich gedenke seiner
mit Ehrfurcht und Dank.
Den Hut behalt ich in der Hand,
wenn das Wetter mit milden Nebeln wärmt;
ist es eiskalt,
drück ich ihn tief
in mein Genick,
das ich senke in Anerkennung des Arbeitslebens,
welches der Bergmann geführt hat.
Es blieb kein Geld. So hat er gelebt
von Monat zu Monat
mit wenigem.

Eine Spange

Das ist ein Bergmann, der zwei Schichten schuftete,
die in der Grube,
dann noch eine
im Ackerbau mit Pflug und Kühen
in seinem Dorf.

Das war die große Sommerfron.
Entwirf mir eine Spange, Künstler,
für mich vielleicht,
für ein Museum
zur Erinnrung,
in Gold, in Silber oder Bronze,
olympisch darf sie sein.
Sie bekundet sicherlich den Mann als Helden.

Grubenpferde

Keine habe ich im Bergwerk unter Tage je gesehn.
Zu unsern Zeiten gab es sie nicht mehr.
Sie zogen Kippwägelchen voll mit Kohle,
bekamen Heu und Wasser,
waren ausgemergelt
und litten auch an Atemnot.
Sie wurden höchstens fünfzehn Jahre alt.
Sie wurden nach der Dienstzeit
in einer Schlächterei geschlachtet
und gaben magres Fleisch.
Wohl ging es, wenn ein Tierfreund sie behandelte
mit Würde, jedoch entfernt von freier Luft
lebten sie wie Abgeschiedene
und zogen,
zogen schwere Lasten.

III

Mutter hatte die längere Schicht bei uns allen

Omnibus

Jeden Tag fast um dieselbe Stunde
fährt er vorbei, brummt und rasselt,
so, als säßen hämmernde Heinzelmännchen
an seinem Blech. Rot sein Aussehn,
eine viereckige Flamme auf großen Rädern,
bringt er die Bergleute heim,
die auf den Sitzen
tüchtig schlafen
nach der Schicht.
Ihre Köpfe lehnen an den Scheiben
wie Besen, eine Kurzweil
ist das Fahrzeug für die Straßenjungen,
und beachtet oder unbeachtet
biegt es um die Kirchenecke,
zeigt seinen Rücken
und war von meiner Ruhebank
sehr gern gesehn.
Mit seinem Fahrer,
ich kenne ihn, trink ich sonntags manchmal
ein Glas Bier, er wohnt in meiner Straße
und ist gemütlich.

Freudenjauchzer

Zu Ende ist die Schicht, es blüht der Tag
mit Märzgepräng. Der Bergmann ist zu Haus
und trinkt zu Abend einen Branntwein.
Es wär nicht falsch, säß an seiner Seite
eine fröhliche Tirolerin und schmetterte
den Freudenjodler in den Samstag.
So sitzt neben ihm die eigne Frau,
sie streichelte ihm gern die Hände,
die müdgeschafften,
die schwarzgewesnen
und jetzt so weißen.

Bergmann auf der Sonntagstreppe

Er berichtet nicht,
jede Pore hat geschwitzt,
Arbeit war es, Wochenpein,
bittre, wie wenn einer äße
puren Senf,
wie wenn einer tränke
Wasser mit zu viel Salz.

Langsam nur
weichen aus den Gliedern die Muskelschmerzen.
Nun ist der Sonntag erschienen
über dem Land, dem Feiertagsfrieden
winkt eine Fahne zu einem Fest,
zu irgendeinem,
es läuten Glocken zum Kirchenschritt.

Der Bergmann steht auf der Treppe
zum Sonntagsgang,
geht er den Goldfelder Pfad,
geht er den Pfad am Felsberg,
er weiß es nicht,
er schluckt.
Durch Mohn soll die Strömung der Wetter gehn,
durch Rosen,
es kann nur gut sein
für seine Lunge
nach schwerer Arbeit
im dunklen Stollen.

Grubenhauer

Es ist ein Glück mit dem schwarzen Fels.
Kohle
brennt im Ofen gespensterhell,
es ist ein Lachen
über die Kälte
der bissigen Jahrzeit.
Und so erlebt es das Kind
als wohlgeordnetes Stubenparadies.
Auf der Herdplatte brutzelt ein Apfel,
und im Munde erwacht ein Lied.

Ich weiß, wie schwer es ist,
dieses Leben zu beschaffen,
ich bin Hauer in der Grube.
Mich kleidet dunkles Tuch,
es kann mein Todeskleid sein
in den Verließen der Schächte,
und ich tröste mich manchmal
durch ein Stoßgebet.
An den Himmel geht es,
an den Teufel,
an Sankt Barbara,
meine zweite Frau.

Eimer mit Kohle

Schwarz mit guten Stücken gehäuft
ragt die Kohle über den Eimerrand.
Sie wird ein flackerndes Ofenfeuer geben
im Ofen, der nur noch zaghaft glimmt.
Es ist ein Leben mit seiner Wärme,
es ist zu lauschen seinen Flammengesprächen.
Man hat mit seinem Brand
Freunde im ganzen Haus,
bei allen Bewohnern,
die Frau trägt den Eimer
hurtig die Kellertreppe hinauf.
Glücksbringerin könnte sie heißen.
In der Stube wartet ihr Mann,
in der Stube warten die Kinder,
rufen, da sie erscheint
mit der kostbaren, mit der geachteten Fracht:
Ah, endlich, wird es hier besser!
Ja, das ist Kohle!
Ah das sind Werte,
die wir spüren an unsren Leibern!

Wer erinnert sich nicht
in unserem Land,
in unserem Dorfe an derlei Leben?

Bergmannshochzeit

Er ist noch einer von der alten Sorte,
hat auf Tanzmusiken und auf Festen
nach einer Frau gesucht und auch gefunden,
drei Jahr gefreit,
und jeden Sonntag ist er
ins Nachbardorf gefahren, wo sie her ist,
und hat sie geprüft,
und hat sich geprüft,
ob sie auch zueinander passen.
Heut beim Jawort hat die Orgel
wunderbar gespielt,
so ähnlich wunderbar
war des Brautpaars Freierszeit.
Angenehm und kurz
war auch des Pastors Predigt.
Hundert Leute ist der Festzug stark,
nur gute und geladene Gesellschaft.
Genügend Flaschen und genügend Sprüche,
ein dickes, dickes Schwein vom Metzger,
und beste heimische Kartoffeln,
Mohrrüben, Vollkornbrot und Weizenbrot
erstickten alle Klagen, wenn sie einer hätte.
Glück für hundert Jahre wünscht man den beiden
Höchsten dieses Fests,
Hans und Marie.

Wenn man nur gesund bleibt,
man braucht Gesunde in der Welt,
und Arbeit gibt's,
man wird schon sehen!
Er hat eine Nummer im Bergwerk.

Taufe

Es ist das siebte Kind, das man zur Taufe trägt.
Wird es auch Bergmann werden?
Der Junge hat eine gute Stimme.
Taufwasser kühlen sie auch gar nicht.
Sein Kopf ist sehr gesund,
sein Körpermaß gediegen.
Die Patin,
der Pate wollen, daß er zünftig
als Bergmannssohn den Namen Hans trägt
und getauft wird ordentlich,
so wie jeder Neugeborene im Dorf.
Familientreff,
Verwandtschaftsfeier,
man ist dabei ganz glücklich!
Christlich geht es zu.
Die Berufswahl will man dem Bürger
freiheitlich, wenn er erwachsen ist,
ganz alleine überlassen,
sein Vater hat es schwer.
Sein Stolz ist heut, er hat ein neues Kind.
Es gibt mehr Kindergeld.
Auf der Schicht
geht unter Kameraden
die Schnapsflasch rund.
So ists.
Bis in die Nacht, schwarz wie die Kohle
wird gefeiert. Man spricht gelegentlich von Streiks,
auch über Rentner, die dieses Jahr gestorben sind.
Ja, die Alten gehen, die Jungen kommen.

Als Ältester

Als Ältester von sieben Kindern
erinnre ich mich fast mehr
an deren Jugendzeit
als an meine eigne.
Ihr Leben war fast meines.
Und das Land hatte Sonnentage
und Wetterwürfe wolkiger Himmel.
Die Mahnungen an die Geschwister
erlebte ich gern und sprach sie nach.
Vater hatte als Bergmann
tägliche Schicht in der Grube,
Mutter hatte die längere Schicht bei uns allen.
Schule und Kirche und Ackerbau,
Kindergarten und auch Krankenhaus,
Spielplatz und Dorfleben,
Ohrfeige und Hätschelei,
Lied und Gekreisch
scheinen manchmal auf.
Alle meine Geschwister
sind heut verheiratet,
und nur ich
bin es nicht.
Sie haben Kinder,
ich nicht.
Besuch ich einen von ihnen, mein ich,
daß die Nachgeborenen
meine eigenen Enkel wären.
Nirgendwo erheb ich als Vormund meine Stimme.

Brettspiele

Brettspiele spiele ich gern – besonders gern
an Wintertagen,
an Weihnachten und Neujahr,
es ist eine Vaterssitte.
Kindlich werd ich mit den Kindern würfelnd:
„Mensch, ärgere dich nicht" spiel ich begeistert,
„Halma" mit den bunten Steinen,
und „Dam" in Schwarz und Weiß,
und „Schach" in Schwarz und Weiß
befähigen mich zu denken.
Alles ist leicht,
alles ist fiebrig.
Warm ist die Stube vom Kohlefeuer,
und auch meine Bergmannsseele brennt.
Ja, und man erzählt sich:
Großvater spielte die Spiele schon.
Überlieferungen gibt es davon,
auch der war schon Bergmann.
Er spielte wie ich
auch Fußball,
spielte Kegel,
ich lasse mich nicht abtun als Narrn.
Ich bin dabei
mit Ernst und Eifer.
Jawohl:
Bergleute, lasst euch erlösen durch Spiele!
Vernahm ich auch schon im Traum.

Bergmannskuh, die Geiß

Sie war geehrt,
sie war geachtet
und stand in vielen kleinen Ställen,
die Bergmannskuh, die Geiß,
es gab Milch und Butter
für den armen Bergmannshaushalt.
Ihre Schlachtung brachte gutes Fleisch
zu Ostern, zu Pfingsten,
auch Grauwurst.
Sie schmeckte auf dem Schichtenbrot.

Mit wenig Heu ward sie gehalten
im Winter, Wildwiese gab es her,
gemäht mit Sicheln,
Waldrand und Lichtungsgras.
Meistens hüteten sie Jungen
im Sommer an den Heckenhängen,
denn sie frißt Blätter.

So hieß der Bergmann auch schlicht Geißenbauer.
Viele Ziegen hatten Namen.
Unsre hieß: Die Alte.

An der Halskett hielt ich sie
und führte sie von Strauch zu Strauch
mühsam dahin.

Im Krieg

Mutter sorgt sich um Soldaten. Schlecht ist der Krieg.
Es sind arme Leute mit und ohne Sieg.
Auch Vater ist dabei,
wie war er doch so frei
als Bergmann.

Ob er gegen Krieg ist, ob auch nicht,
sie sind erzogen in der großen Pflicht,
sie müssen vor,
und früher gings ins schwarze Tor
als Bergmann.

Statt des Preßlufthammers hat er ein Gewehr.
Es freute ihn ein Urlaubsstock wohl mehr.
Der Krieg ist hart,
man ist auch schnell verscharrt
als Bergmann.

Zwei Schichten würd er machen, statt mit Schuß und Schuß
zu leben. Trifft dich einer, so ist Schluß.
Kinder, betet viel,
es ist kein Spiel
für einen Bergmann.

IV

Wenige Bergleute gibt es noch

Das Saarland

Sitz erst an schwarzen Bächen,
wo du mit bester Angel
nicht mehr,
mit dem leckersten Wurm
nicht mehr
einen Fisch fängst mit Schlammwasser,
Fremder.

Bist du zu trauern
plötzlich gestimmt,
weil das Wasser, vom Staub gelähmt,
vorbeikriecht,
bleib sitzen! –
Schlote schicken
rußende Schwaden herab,
daß du als Trauernder
richtig gekränzt seist.

Halden
sind als schwarze Hügel gekoppelt,
willst du sie sehen
als Denkmäler,
der Trauer Bauwerk,
daß die Natur den Stempel
rußiger Arbeit erhielt,
es hindert dich niemand.

Bergleute, ein Heer
in den Zügen,
jagen vorbei; sie schlafen,
denn sie schlug
Geißel unterirdischer Arbeit;
festgewachsen auf den Bänken
schauen sie kaum hinaus.

Saarbrücken

Dein Fluß
hat längst verlernt
in Sonntagskleidern
wie ländlich damals
so grün und blau
dem Himmel nach
durch seine Ufer hinzuschlendern,
sein schwarzer Kittel unterscheidet ihn
vom Bergmann kaum, der aus dem Stollen kommt.

Und zu tragen
schwere Kohlenkähne, –
lustiger blinken die Wimpel –
ziert er sich nicht; wem ächzt er zur Nacht
ins Ohr? – Deine Straßen,
sind es nicht Häuserschächte,
allen Richtungen nachgezirkelt.
Ich ging sie oft, und oft blies ich
wie tausend andre meinem Vordermann,
so eng, den Atem auf den Rücken.

Immer vom Lande
ziehst du die Menschen an,
du verkaufst gern und lockst
mit den leuchtenden Fenstern.
Du lädst sie ein,
als hättest du ihrer
längst nicht genug.
Wollen sie schreiben, warum sie dich lieben,
„Arbeit und Brot"
schreiben alle geläufig

Dich schlugen
am Rande des Vaterlandes
der Kriege Peitschen,
übermächtig
wurden dir Wunden geschlagen.
Die Menschen heilten
in Stunden harten Schweißes.
Treu im Wechselwind
bist der großen Heimat du geblieben.

Helles Wasser

Vom Schlackenflusse hab ich mich abgewandt
und komm am Hügelknie
zu einem Quell mit hellem Wasser,
daß ich erstaune,
wie es wagt,
so ungetrübt,
so kristallen in den Tag zu klingen,
bei allem schwärzendem Gequalm,
das Schlote in die Wolken jagen.
Mich selber hat die Flucht erquickt,
als mich die Schwärze anflog wie ein Drachen.
Nie und nimmer sollte man hier gehn
auf Grubenpfaden, hat man mich belehrt.
Ich hab gelacht, doch ich wurde überrascht,
die Wetter flogen so,
daß die Asche, daß der Ruß
mich anging.
Fragt mich einer je, ob ich Glücksaugenblicke
irgendwann erlebt hätt, so erzähl ich ihm
das seltene Erlebnis an einem Wolkentag,
den ich wie Festrausch fast annahm.
Flach legt ich mich hin und trank und trank,
als hätt ich eine Flamme
in meinem Leib zu löschen.

Kohlefrachten

Transporter,
Lastwagen liefern Kohle durch das ganze Jahr
an die Häuser, kippen sie in Haufen ab,
und man schippt sie nach und nach in Keller.
Wintertage mit der Kältepein!
Man besiegt euch,
und die Öfen sind
voll von Glut,
und Wohlgefühl herrscht
in den Stuben.
Mit Kohlenkräften
lobt man die Zeit,
die weihnachtliche,
die Januarstunden,
die Februartage,
wenn sie mit Feuern warm
und freundlich sind.
Lastwagen, solche,
hat der Bürger
immer noch begrüßt
als hilfreiche Gefährte
landauf,
landab.

Später Parkbesuch

Daß röter wird mein Blut,
schafft die Parklandschaft,
und Kinder mit Gesängen gehen hindurch,
erleben schulfrei und den Ferienanfang.
Ich bin ledig nun
vom Schlackenwind,
der durch Grubengegenden voll Ruß fliegt
und der mit Husten laut
erkennbar war. Späte Rosenbeete,
Astern, Allerseelenblumen blühn.
Als führ Stärke in mich,
schwellen mir die Schultern hoch empor,
leicht die Winterlast zu tragen.
Es baut sie auf
die Zeit mit schneeigen Bekümmernissen.
Im Winterwald wird Weihnacht werden,
und es erscheint der Mann des Schenkens groß mit Pferden.
Warte!

Bergweiler

Noch geht Gebüsch bis an die Häuser.
Noch setzt die Wiese den Grasfuß an manche Treppe.
Der Wald streut seine Vögel
über die roten Dächer, unbekümmert,
und Rehe schickt er.

Der Bach
ist blätternarbig braun und hat den Herbst
in sich wie einen Tod,
weiß ist der Sarg aus Eis.

Bergleute fallen schwarz durch die Straßen
nachmittags.
Dann auch Kinder
kreischen, als ob Schlangen
bündelweis
in die Straßen geringelt
vor Türen lägen.

Stille Gegend dennoch, als ob Einsiedler wohnten
hinter den Zweigen,
die mit langen Bärten
Schnee der Weisheit
leuchteten.

Hasborn

Ja, ich bekenn,
deine Straßen sehend, Dorf:
Mir blieb Landbegeisterung im Blut.
Jedes Jahr noch lebe ich die Frühlingssehnsucht
nach der Winterpracht
mit den weißen Wolkenlocken,
ja, des Sommers Mohnzeit
und die Herbstbeglückung
blühn mir.

Nie verließ ich gern den Hügelring
und dich,
wie in einer Wiege
liegst du an den Wäldern,
zwar tobt Wetter oft,
die Gewitter bringend,
zwar lehrt der kleine Bach
Bescheidenheit,
doch sind die Tage,
die sich in Frieden gürten,
heilsam.

Kleines Haus, meine Wohnungsfreude
in geliebter Schaumbergnähe,
selten verließ ich dich!
Laufwege, Friedhof,
der sie endet,
ihr gemahnt mich
an alle Menschenzeit
mit vielen Gängen vor dem Grab.

Die Bauern mit ihren Pfluggespannen
sind vergangen,
die eifrige Felderarbeit
verflog wie Nebel,
wenige Bergleute
gibt es noch,
die hinunterfahren
zu schwarzen Grubenstollen.

Dem Leben träumt nach
so mancher alte Mann
und ich.

Schlackenhalde

Mancher, der sie sieht, spuckt
in alter Gewohnheit, ich nicht,
denn über die Schlackenhalde
mit tiefgrauem Farbenwurf
zückt schon Laub,
und es wagen Sträucher, Gräser mit Mut
zu wachsen
zeithin,
ewigkeithin ohne Umschweif,
ohne Angst vor Gift
frisch in die jüngeren Tage.
Wanderschuh
zog ich an und geh bewundernd,
was der Abfall als Boden zeitigt
zur neuen Flur,
zu genießen ohne Atemnot.
Und dennoch, schwarze Augen starren mich an.

Schlackenberg

Staub und Stein und Kohlenschmutz im großen
Schuttgelände
der Gruben werden überfärbt
von Gras und Sträuchern,
die in Stummheit stehn.
Und der Boden ist nicht braun,
rußstaubschwarz.
Wer gewußt hat,
er sei giftig,
der ist belehrt vom Wuchs der Pflanzen,
die an Hängen und an Hügeln
glorreich hochgewachsen sind.
Hier lebt Natur nun wieder auf.
Und aus nahen und fernen Gegenden
fliegen und turteln die Vögel heran,
gießt mit Wollust die Wolke
ihre fördernden Wasser hin.
Dies Leben gilt! Hierher gehen neugierige Wanderungen
von Menschen aus der Stadt, dem Dorf.
Und mir Einsamen,
der ich die Wege ging,
kam in die Sinne wie ein Singen,
ein anerkennendes Gefühl.

V

Was Fluch war, war auch Segen

Das Ende der Kohle

Bergmann war ein niedrer Stand,
es war ein hoher Stand.

Kohle
war ein Reichtum.
Nun sind verlassen alle Stollen,
die Fördertürme ruhn. O könnte man
mit einem Pickel schlagen in das öde Felsgestein,
und es änderte sich beim Schlag zu schwarzem Gold,
und ders vermöchte,
wär ein Glücklicher,
geehrt wär er,
beliebt.

Keiner traut solchen Zauberein.
Laßt alle Wünsche sterben.
Bescheidet euch! Jahrhunderte,
da man in Gruben schuftete,
verändern sich zu Sagen,
und mancher glaubt,
sie waren einzig Glück.

Mein Ofen brannte auch mit Kohle
und wärmte, machte meine Suppe gar.

Helft mir mit andrer Wärme!
kann ich nur hilfesuchend rufen.

Wir waren hochgelobt

Wir schwarzen Knappen waren
der Arbeiter
wohl höchster Stand
an Saar und Ruhr.
Schwere Fron an allen Jahrestagen
gewöhnte uns den Jubel ab,
gewöhnte uns den Jubel an.
Wir schufteten,
wir förderten
vieltausend Tonnen Kohle,
täglich, und hatten mit den Förderungen
lang, lang Erfolg.

Der Bauer galt, wir aber auch.
Der Dorfbrunnen mußte uns gar künden,
die Schwalbe uns gar singen
und Feste gab es, daß Staunen
über unsre Mannschaft
Erlebnis war. Unbesiegbar
schien unser Leben, nie endbar
die Kohle in der Erde.
Glück, das nie abzubrechen schien,
wahrhaftig.
Doch der Vorrat versiegte, der Reichtum verging, Teuerung kam,
bedingungslos.
Wir senken unsern Kopf.

Ahnen

Für Eberhard Müller

Ich las
von einer Tafel ihre Namen, meine Ahnen heißen nicht
fremdländisch,
ja, gar nicht welsch; zu Ackerfurchen,
zu Schmiedearbeit,
als Bergleut
gebrauchten sie die Hände,
und es gelang ihr Leben.

Es reichte
zum Dorfgebrauch die Sprache,
zum Dorfgebrauch ihr Geld,
und mein geerbter Geist,
wohl ebenso geraten,
reicht schon einmal
zu einem Lied, ich lob mich, denn ich bin,
von ihnen hergekommen,
nicht ausgewandert aus dem Land.

Das Tal
berühm ich und umarm den Berg.
Wohl Raben
und Zeisige wie andre Vögel
ertönten ihnen, und mit kirchlichen Gemütern
folgten sie den Glocken sonntags zum Gebet.

In kühler Erde dieser Auen
verwesen ihre Knochen,
dem Beispiel folg ich
unabwendbar.

Zum Abschied

Bergmann,
du warst der Mensch, der Reichtum brachte,
und ob auch als Arbeitsmann angesehen,
erlebtest du, wie die Wölkchen am Himmel spielten,
wie Schnee lag bei Weiden am Bach –
und gleich, was sich sonst begab
an Erfreulichem über der Erde –
du mußtest hinab in den Schacht,
zu Arbeitsqual,
in die Gefangenschaft der Schicht,
an Löhnung denkend.
Dein Leben war kein Lustspiel.
Man bewunderte dich,
man bedauerte dich,
man höhnte dich.
Schwarzes Gold heißt die Kohle mit gehöhtem Namen.
Bergmann, dich, der es förderte,
sah man jahrhundertelang in unserem Land.
Das ist vorbei, es schließen alle Stollen.
Knappe, begreif es! Nun such dir andere Arbeit!
Was Fluch war, das war auch Segen.
Ich stolpere nicht in Verneinungen.
Ich stolpere nicht in Bejahungen.
Ich habe wie viele sonst
gar keine Macht, dir zu helfen.
Bedauernd prophezei ich:
Du wirst zur Erinnerung.
Die haltet in Ehren,
Menschen der Heimat!

Klage

Wenn Kohlefeuer brannte, hab ich nie,
so wie es am Verglimmen war,
Klagelaut vernommen.
Man kann ja wiederum
am nächsten Tag ein neues zünden.

Rar,
selten wird der Stoff,
Maulerei und Schimpf
sie häufen sich,
als sollt es einen treffen,
der die Schuld trägt.
Panzergießerei
hat in Übermaß
Bergwerksfleiß vereinnahmt.
Ich kam in Rente,
ich gehe noch begütert,
doch klage ich
ein wenig schon.

Bergmann an der Theke

Ein Bergmannsbier ist schnell verdient,
wohl zwei und drei und vier
mit Lust getrunken,
Durst hat der Mann,
als hätten seine Kehle
fünf heiße Sommer ausgetrocknet,
hat auch im Stollen er Achtstundentag durchstanden,
daher kommt es, daß er zügig seine Gläser kippt
in seiner Stammwirtschaft im Dorf.
Man fragt ihn nach der Schafferei,
er gibt Antworten: Ja, es könnte besser sein!
Gar nicht laut,
gar nicht prahlerisch.
Er hat noch sieben Jahr zu schuften
im Bergwerk, dann gehts ins Altenteil.
Wißt, er spart Geld.
Dann als Rentner will er mit seiner Frau
als Reisender in ferne Länder,
Pracht sehn und Herrlichkeiten,
statt schwarze Grubenwände unter Tage,
Prost darum allen in der Wirtschaft, die es hören.

Antwort

Du mußt mich nicht bestrafen mit Verachtung,
ich als Bergmann könnte nichts.
Fast allein und ohne viel andre Hilfe
habe ich mein Haus gebaut
und meinen Garten angepflanzt!
Glaub mir!
Wenn ich das erzähle,
brauch ich einen Mann,
der Ahnung hat
und ordentliches Wissen!
Du bist mir zu dumm!
Ich brauche ein Glas Bier
und eine Runde,
in die ich überlegen blicke.
Im Gasthaus spreche ich davon,
nennt einer mich: Herr Bergmannsochs.
Es muß nicht toller kommen.

Kriegserzählung

Obwohl erst an die Front gekommen,
ward ich schon schnell
abkommandiert zum Bau von Unterständen,
zum Bau von Stollen,
zum Bau von Gräben.
Als Bergmann war ich ausgewiesen,
und man erwartete,
daß mir und anderen
aus gleichem Land,
aus gleichem Stand
die Arbeit wohl gelinge.
Und so war es. Wir wurden sehr gelobt.
Verstrebungen wie aus Bilderbüchern.
Und wir waren stolz,
genossen Lob und Anerkennung. –
Doch ein Aritreffer,
ein zweiter, dritter,
daß wir niederfielen,
schlug unversehens ein.
Die verstrebten Gräben sanken.
Wir flüchteten. –
Ich erzähl es immer wieder,
wenn bei mir von Krieg die Rede ist,
wenn einer fragt,
wo und wie ich bei den Mördereien
gewesen bin.
Der Russ kam vor, nahm uns gefangen.
Wir hatten Bergmannsstaub auf unsern Lungen
und rasteten auf unserm Lauf.

Bergmannsfest

Temperamente auf dem Bergmannsfest
lassen sich gut leben,
auch wenn ich an die Schicht von gestern denke,
wie an die Schicht von morgen.
Das verkünd ich dir mit meinen Kumpeln eins
am Bierkrug hängend in Gemeinschaft,
ja, wir zechenden und frohen Kameraden
feiern keinen Heiligen,
nur uns.

Wir legen unserm Trübsinn
gute Fesseln an.
Witz klabautert, Geld glänzt,
Bier schäumt und geht unter,
unter Lippen, die auch manchmal singen.
Und Tanz und Hü und Hott, als sei man Bauer.
Ja, gutlaunig alle bei Witzen, Bier und Tänzen,
Jung und Alt, gutlaunig.
Dorfwiese, du siehst hier frohe Bergleut,
sie zerstampfen dich
an ihren Zelten, ihren Theken.
Tote Gräser werden nichts erzählen können.

Da ist der Bürgermeister,
da ist der Pfarrherr,
da ist der Knappschaftsälteste,
der Festveranstalter,
da ist ein Steiger,
der ist gewiß der Höchste.
Ihnen und uns allen: Prost.
Glückauf
in diesem schönen Sommerland
mit seiner reinen Luft.
Und noch einmal: Glückauf!
Und lustig bis zur späten Nacht.

Bergmannskalender

Die Kunde, daß wir leben, daß wir wirken,
brachte jedes Jahr der nämliche Kalender
mit Schriften, die nur uns betrafen,
und von der Heimat, ihren Menschen,
die wir mit unsern Kräften unterstützten.
Er wurde gern gelesen, mit Wissen voll
mit Bildern, Nachrichten und Schilderungen
des Arbeitslebens, es war darin so viel,
daß er jeden Monat uns erbaute.
Und wir Leser,
wir heben heut noch
viele Hefte
im Bücherschranke auf
und blättern gern darin,
betroffen immer noch.
Wir wischen manchmal eine Träne ab.

Sankt Barbara

Heilige der Grubenmänner,
heute feiert man dein Fest,
singt, trinkt frischen Schnaps,
frischen Wein und ist
zu deinem Gedenken fromm,
trägt einen feierlichen Anzug
mit Blumen als Schmuck.
Man stellt Kirschenreiser
in ein Glas Wasser,
und es treiben in den Winterzimmern
zu deinen Ehren die Knospen Blüten.
Und reif ist an Weihnachten der Blumenschmuck,
ein schöner Brauch.
Doch was wär er, wärst du nicht
die heißangeflehte Beschützerin
des Bergmannsstandes
schon seit uralten Zeiten.
Hilf den Männern bei ihrer Arbeit
unter der Erde,
beschütz sie vom Himmel,
weil du von dort
über sie wachst
zum Wohlergehen.

Saarknappenchor

Seine Stimmen unvergessen und geschätzt
hab ich noch mit ganzer Seele aufgenommen,
war der Chor in meinem Dorf.
Die Bürger strömten stets herbei,
um sie zu hören. Stolz erfaßte uns,
es war unser Bergmannschor.
Er sang und klang ganz unvergleichlich
mit Tenören und mit Bässen.
Und auf Reisen hörten Menschen
von unserm Land,
von Grubenmännern an der Saar.
Ich schau nicht weg, erwähnt ihn einer heute.
Wehmut kann mich erfassen,
gleich wo, bringt ihn einer ins Gespräch.

Glückauf, Glückauf, der Steiger kommt

Ein Bergmannsschlager
landauf,
landab bekannt, volksliedstark
bleibt sicherlich erhalten, wahrsag ich.
Das Lied hat Kraft, wohltönend ist die Melodie,
es läßt erleben, wie man frohbereit zur Schicht geht.
Der Steiger ist der gute Mensch mit seinem Licht,
das er entzündet hat zur Grubennacht,
und wie es wohl viel tausend Mal geschehen ist.
Erinnerungsselig wird es weiter in den Zeiten
laut erklingen
aus vielen Kehlen
in diesem Land.
Es ist ein Lied, das unvergeßlich bleibt
und fast festlich klingt.

Der Vieruhrzug

Nun am Tage
landen öfters auf den Bahngleisen
Vögel, da kein Zug mehr fährt.

Und wie flüchteten die Krähen,
Elstern, Hasen und Rehe,
als er noch das Tal durchfauchte
laut mit schweren Lungen
und mit Radgestampf.
Rauch blies er empor in großen Schwaden,
malte hohe Wälder schwarz.
Eingemeindet war er in die Landschaft
wie ein Wind.

Wann erklingen Heimwehlieder
nach dem Vieruhrzug,
in dem der Bergmann fuhr?

Grubenschäden

Schief die Häuser und die Straßen bucklig
wie Hutzelfraun. Risse in den Wänden
wie bei Lehm im stärksten Sonnenbrand –
so sind Grubenstollen in der Tiefe
die Wohngebiete schädigend
mit schweren Brüchen.
Man hat zwar fest gebaut,
doch der Niedergang tief unten
läßt sinken jede brave Wohnung,
als hätte sie ein Narr errichtet.
Im Land herrscht Furcht.
Im Land herrscht Groll.
Selbst der Himmel hört die Streitereien.
Man möchte nicht begraben werden
bei lebendgem Leib
mit solchen Niederstürzen
unberechenbar und unheimlich.
Wer weiß, wie lange das noch währt.
Fort, fort in andre sichre Häuser.
Sag den Leuten nur Glückauf!
Sie fühlen sich geschmäht.
Brandmarkungen, die ein böser Feind gebot,
gleichen diese Schäden.
Getrost, es bleibt nicht ewge Klage.

Bergmanns Gang

Es ist ein Bergmann,
der zwischen Überroth und Altland geht,
mit einem Stock an die Bäume schlägt,
sagt: Jetzt seid ihr dran, die Kohle wird all.
Es wird dann niemand mehr hinunterfahren müssen
zum schwarzen Gestein.
Erfreuliches Wissen,
erfreuliche Zeiten,
die kommen,
machen ihn froh.
Sonntag wird sein
ohne Bergmannsfron.
Jedoch ohne Kohle!
Bedauern wirds geben,
krankhafte.
So auch Zeit zur Klage.
Um den Kindern zu erzählen,
was ein Bergmann war,
wird man Erinnerungen kramen,
doch wahrscheinlich nicht weinerlich.

VI

Wo't donkel es, do moß eijsch hin

Mundart-Gedichte

Dreij Seufzere von eneme Berschmann

Wat se sae,
wat se menne,
wat se böe,
wat se schenne,
wat se drohe,
wat se danze,
em Rucksack hann eijsch meij Schischtebrot,
eijsch hann noch emmer e schwazze Poot
beijm Schaffe,
dir Affe.

Wat se hetze,
wat se schwätze,
wat se lieje,
wat se forere,
wat se schdorkle,
wat se torkle,
wo't donkel es, do moß eijsch hin,
dat maan kä Menschesinn
beijm Schaffe,
dir Affe.

Wat se gröle,
wat se öle,
wat se schwöre, wat se hänsle,
wat se dresche,
wat se donnre,
off meijner Schischt schdehn eijsch mem Bockel kromm
on senn noch jeeresmol em Schwäß geschwomm
beijm Schaffe,
dir Affe.

Die Geisse

Haut lockt käner meh
am Waldrand e Bitsch
merrer Witsch.
Se mache nimmi: Mäh!
em Lant, Kenner fahre die Geisse nimmi heijre
an die Haselschdeck onn an die Weijre.

Se senn verschwonn wie Schnee
emm Maij, gar nimmi do
enner Wies elo.
Onn manschem durr et weh.
Der hott se geseij em Gras lo fresse.
Gefft billisch Mellsch, ä kannt vergesse.

Wie em Märschi faschd
iwwer de Wäsch,
onn ohne Schläsch
onn ohne Raschd
esst dorthin gang, wo Blärrer wore,
datt wor em Lant derzeijre Moore.

Se hann Berschmannskeij geheisch,
hann äwwer nie de Plouch gezoh
orrer e li,
orrer e Waan,
nur meijsch
an der Beij.

Dä Genauw

Genauer wie genauw ess der!
Wenn der e Wöttschi heert,
behält er ett off ewisch.
Seij Vadder wor schon eso,
seij Modder aach,
eijsch menn aach seij äldschd Schweschder.
Heij der Bensel, heij die Fäw.
Heij dä Naal, heij dä Hammer.
Heij die Rose, heij dä Garde.
Heij dä Bräutigam, heij die Braut,
heij die hongrisch Katz, do die fett, fett Maus,
alles beijenanner wie ett sich geheert.
Sechzehn Cent heijhi gelaad,
onn dann de Schnaps em Gläsi, Wirt,
hott der gesaad, o härr em ä getonkt,
wenn't nett wor gewehn wär, Leijt.
Mir horr ä mo geflüstert:
Dau beschd dä Dickschd en dä Famill,
dau sollschd ett demmschde Märe ausem Dorf
mer ä glore Glatz als Weibsminsch greije,
dau selwer haschd e hoorije Schwelles
for ett lange Läwe, alles zouenanner,
wat zouenanner paßt.
Manchmo wor manschet wie datt do
for se lache, äwwer annerschtweijs o vill
wor ä genauw.

Ä hott seij Ehr,
ä hott seij Schdolz.
Jetzt err ä fortgezow no Aache,
nett for datt Graf von Karl dem Große zou verehre,
for en dä Gruw se schaffe,
for de Mummes,
jetzt moss mä ne en weite Ferne noch bewonnre,
eijsch mache datt
noch iwwert Mooß,
ä wor e Kamerad.

Die Werrerfahn

Omm alde Huuf
hatt enner noch ä Werrerfahn
hoch iwwert Dach gehengt, o leßt se fleije.
Die Berschleijt aus der Gruf,
sie seije, der gefft a,
dem moß die Sonn noch eene geije.

Die Fahn eß schee
onnt eß emmer gutt,
ma kann gnau do seije, wo die Loft herkemmt,
er hengd se raus onn se gerr ach en die Hee,
so wie die Loft et well o dutt,
onnt Johr die Loft do enn sej Fenger klemmt.

Se eß bejm Rään
versaut, o hängd ann ihrer Schdang
eronner, de menschd et eß for emmer
gestorf, off emo äwwer eß se drocke offgehängt
o knarrert o se donnert, emmer scheener, emmer
schlemmer.

Vo heij

Vo heij
senn em vorvorije Johrhonnert
vill Leijt ausgewannert o nimmi komm.
Wer wäß, wie et dene gang ess,
villeischt hann se sisch ihr Läwe lang beschwert.

Bleiw dau dähemm,
dau ischd net gudd,
dau schdeschd dä die Zong beim Schwätze,
dau hebschd met änem Fouß,
dau hasch e Gedächdnis wie e Siv,
de hasch kä Muggi en de Knoche,
dau geffschd läärisch, wenn e Meck brommt,
dau hasch aach kä Gedold.

Iwwerlä dä datt,
geh schaffe en die Gruw,
sonschd gefft neijschd vor deijsch,
saan eijsch dä, deij Modder.
Souch dä dott als Grouweheijrer
e gudd, gudd Schdell.
Iwwerlä dä aach,
wat for e schwer, schwer Schbroch
die Leijt em Ausland schwätze.

Mett de Gruwe erret aus

Vill, vill Berschleijt hann ett scho gesaad:
Haut ess meij ledschde Schicht,
on annre ha gesaad:
More ess meij erschd.
Datt do ess ganz, ganz annerschd.
Eijsch onn dau onn allegare
fahre nimmi enn.
Ett ess ledschdendlisch Schluss mett Kolle,
onn abgeschberrt senn all die Schächt.
Wennd disch hin, wohin de welschd,
ett kann dä kääner helfe.
All ess all,
aus ess aus,
Enn ess Enn!
Do kannschd de kreijsche,
do kannschde lache,
ett es änerlaij.
Nerr emo e Fasem kannschd de käfe
von dem watt de verdeijnschd
en dene dore Gruwe.

Nachwort

Jetzt, da der Bergbau an der Saar beendet ist und alle
Bergwerke geschlossen wurden, ist die Neigung groß,
die Zeit des Bergbaus zu verklären. Was kann da der
Leser von Gedichten erwarten, die das alltägliche Leben
und Arbeiten der Bergleute zum Thema haben. Im
Unterschied zu der stärker am Faktischen orientierten
Sprache der Prosa ist die poetische Sprache eher
imstande, Empfindungen der Menschen aufzugreifen
und die eigene Betroffenheit zu zeigen. Der Lyriker
Johannes Kühn, selbst aus einer Bergmannsfamilie
stammend, blickt als aufmerksamer, unbestechlicher
Beobachter auf diese Arbeits- und Lebenswelt. Er
selber hat mit Hacke und Schippe zehn Jahre im
Kanalbau gearbeitet. Doch war ihm bewusst, dass
er bei Tageslicht und frischer Luft arbeiten konnte,
der Bergmann musste hinab in niedrige Stollen, in
„Grubennacht" und „Kohlenstaub". Weil sich Johannes
Kühn stark zur Natur hingezogen fühlte, entstand in
ihm eine Empathie für die Männer, die so viele Stunden,
ja einen Großteil ihres Lebens in der Tiefe der Erde ohne
Grün und Himmel schuften mussten. Daher sind von
ihm über die Epoche des Bergbaus keine harmlosen,
keine verklärenden Gedichte zu erwarten.

Die Gedichte dieses Bandes – über viele Jahrzehnte
entstanden – sind zudem geschrieben aus der
Perspektive eines Bergmannssohnes mit vielen
Geschwistern. Ferner schreibt er als einer der aus
Hasborn stammt, dem saarländischen Dorf, in dem
der führende Gewerkschaftskämpfer Nikolaus Warken
gelebt hat (1851 - 1920). Schon in der Schule wurde
dieser den Kindern als Held im Arbeitskampf für die

Rechte der zum Ende des 19. Jahrhunderts wie zu Beginn des 20. Jahrhunderts noch ausgenutzten und schutzlosen Bergarbeiter vorgestellt. Für ein besseres Leben seiner Kameraden ging er als Streikführer sogar ins Gefängnis. Nach jahrelangem aufopferungsvollem Arbeitskampf war für die Bergleute ein besseres Leben erstritten.

Im Verhältnis zu anderen Berufsgruppen ging es ihnen und ihren Familien in der Kinderzeit von Johannes Kühn finanziell nicht schlecht. Fast jeder Bergmann im Dorf konnte sich ein Haus bauen, das sog. Bergmannshaus meist mit einem Stall im Keller für Hühner, Schweine und für die „Bergmannskuh", die Ziege. Die Doppelbelastung des Vaters durch Gruben- und Feldarbeit bekam die gesamte Familie zu spüren. „Die Mutter hatte die längere Schicht", hält Johannes Kühn in einem Vers fest. Sie versorgte die Kinder – Hasborn war damals das kinderreichste saarländische Dorf – dazu den Stall, den Garten und einen Großteil der Feldarbeit. Auch die Kinder wurden schon früh mit eingespannt.

Allgegenwärtig waren im Dorf die von der Arbeit niedergedrückten Männer und Frauen. Wenn die Schichtbusse eintrafen mit den vor Übermüdung eingeschlafenen Bergleuten, lehnten „ihre Köpfe an den Scheiben wie Besen". Der gesamte Lebensrhythmus des Dorfes war vom Schichtwechsel bestimmt. „Bergleute fallen schwarz durch die Straßen". Das waren immer die von der Frühschicht, der Mittagsschicht oder Spätschicht heimkehrenden Trupps. Betroffen machten Johannes als Kind die noch nicht sehr alten, doch bleichen, hustenden, nach Luft ringenden Männer auf den Bänken vor den Häusern. Sie litten an Gesteinsstaub, was häufig zu einem frühzeitigen qualvollen Tod führte. In dem Gedicht „Nachruf", das an eine Bergmannsbeerdigung erinnert, stehen harte wie mildernde Verse: „Im Grubenloch hast du geschuftet, im Grabloch ruhst du dich aus." Trostvoll war da die christliche Überzeugung: „Doch deine Seele wird sich vermählen mit einem neuen Leib." Dem Geschundenen wünscht der Dichter im Himmel als neuen, schöneren Beruf, dass er Hirte sein darf, „der wandelt unter zahmen Schafen und würdigen Blumen".

Mit dem offenen, unbeirrbaren Blick des Lyrikers beobachtete Johannes Kühn, wie das gesamte Saarland von der Kohle geprägt und geschädigt war. Schwarz war das Wasser der Saar, schwarz die Rauchschwaden über den Städten Saarbrücken, Neunkirchen und Völklingen, überall wurde Kohle verbrannt. Auch die Dörfer waren verrußt, ein weißes Hemd oder eine helle Bluse mussten nach einem Tag schon gewaschen werden. Schlackenberge wuchsen grau in den Himmel. Daher feiert der Autor jetzt die ergrünten Halden: „Hier lebt Natur nun wieder auf."

Was vorerst über das Ende des Bergbaus hinaus weiterlebt, sind die Feste. In der Zeit der Grubenarbeit betrachtet Johannes Kühn die Bergmannsfeste auf der Dorfwiese als ausgelassene Trinkgelage. Auf ihnen wurde getanzt, „als sei man Bauer." Dort zeigte sich der Bergmannsstolz, für jeden sichtbar und hörbar in den Liedern des Knappenchors wie den Melodien der Bergmannskapelle. Doch der Poet erkannte, dass es ein Frohsinn war, der die Plage der vergangenen und der kommenden Woche nur kurz überdeckte. „Wir legten unserm Trübsinn gute Fesseln an", lässt er einen zechenden Bergmann sagen, ein Empfinden, das in Wirklichkeit kaum einer je so bekannt hat.

Die Bergmannsfeste, die heute noch gefeiert werden, sind schöne Traditionspflege. Keiner der Feiernden muss noch in die Grube fahren. Jetzt erst sind die Feste für alle unbeschwert, erinnerungsselig. Erhalten bleiben wird unserer Sprache der vielsagende Gruß „Glück auf!", der früher einmal dem aufsteigenden Förderkorb mit den Bergleuten nachgerufen wurde. Längst aber gilt er unter Saarländern als aufmunternder Zuruf, auch als Wunsch für ein gutes Gelingen.

Die Dialektgedichte zum Abschluß dieses Bandes sind eine notwendige Ergänzung. Sie geben der Bergleute eigenes Milieu in ihrer Sprache unmittelbar wieder. Das Hochdeutsche ist ein dem Bergmann fremdes Idiom. Die Mundartgedichte von Johannes Kühn erzeugen eine Atmosphäre und Befindlichkeit, wie sie sich im Hochdeutschen nicht unverfälscht herstellen läßt.

Die Übersetzer von Johannes Kühn schätzen seine Bergmannsgedichte. „Bergmann" und „Alter Bergmann" erhielten in der „Anthologie bilingue de la poésie allemande" der Pléiade einen Platz. Auch der spanische wie der japanische Übersetzer haben sie in ihre Johannes-Kühn-Bücher aufgenommen.

Irmgard und Benno Rech

Die beiden Gedichte *Bergmann I* und *Alter Bergmann*
sind entnommen aus *Ich Winkelgast*, S. 74 und S. 75,
Bergmann II und *Kohlen* aus *Gelehnt an Luft* S. 52 und S. 53,
Maulwurf, du hast es besser aus *Mit den Raben am Tisch*, S. 112

Johannes Kühn, Ich Winkelgast.
© Carl Hanser Verlag München 1989

Johannes Kühn, Gelehnt an Luft. Gedichte
© Carl Hanser Verlag München 1992

Johannes Kühn, Mit den Raben am Tisch.
Ausgewählte und neue Gedichte
© Carl Hanser Verlag München 2000

Omnibus und *Hasborn* wurden erstmals veröffentlicht
in *Nie verließ ich den Hügelring*; *Saarland, Saarbrücken* und
Bergweiler in *Meine Wanderkreise*.

Wir danken dem Hanser Verlag
für die freundliche Abdruckgenehmigung.

III Mutter hatte die längere Schicht bei uns allen

IV Wenige Bergleute gibt es noch

V Was Fluch war, war auch Segen

VI Wo't donkel es, do moß eijsch hin

* Vor 1984 entstanden, eine genaue Datierung liegt nicht vor

Impressum

2. Auflage
Alle Rechte an dieser Ausgabe vorbehalten
© 2013 Gollenstein Verlag
Die Buchmarke der O.E.M. GmbH, Saarbrücken
www.gollenstein.de

Zum Einzelnachweis der Gedichte siehe Seite 99

Buchgestaltung und Satz: Timo Pfeifer
Schrift: Rotis Sans
Papier: 90 g Werkdruck holzfrei
Druck & Bindung: CPI-Clausen & Bosse, Leck

Foto Seite 4: Oliver Elm

Der Verlag dankt Jörg Michael Fries, Bahnlog, für die freundliche
Förderung, die die Realisierung dieses Bandes ermöglicht hat.

Printed in Germany
ISBN 978-3-95633-015-5